Compte-rendu des Recettes et Dépenses

FAITES POUR LE MONUMENT D'AGRICOL PERDIGUIER
ET DE LA CÉRÉMONIE D'INAUGURATION

Description du Monument d'Agricol Perdiguier et de la cérémonie d'inauguration de son monument, qui a eu lieu le 16 avril 1876.

Comme il avait été précédemment annoncé, les C.·. des Devoirs réunis de Paris, se sont donné rendez-vous, à onze heures du matin, chez leur père, le Frère Guillaudon dit Dauphiné l'impartial, C.·. tisseur ferrandinier, rue Mouffetard, 8, pour accomplir cette solennité, d'après les invitations faites à toutes les corporations compagnonniques des trois rites; bon nombre d'entre elles nous ont envoyé des délégués pour y assister, notamment le frère Blanc fils, C.·. forgeron, délégué de Lyon. A midi le cortège assez nombreux s'est mis en marche, chaque C.·. avec les cannes et les couleurs de son rite respectif, fraternellement mêlés, comme cela devait être, sans distinction ni préséance, et marchant sur deux rangs, précédé de trois rouleurs pour représenter les trois ordres réunis.

Ensuite venaient deux jeunes C.·., un cloutier et un menuisier de liberté, portant une couronne de grande dimension, laquelle était ornée de couleur compagnonnique et portait l'inscription suivante faite en lettres blanches sur fond noir, autour de l'équerre et du compas, au milieu desquels était une pensée en émail recouverte d'un verre bombé :

A AGRICOL PERDIGUIER dit *Avignonnais la vertu*, C.·.M.·.D.·.D.·.D.·.L.·.

16 avril 1876.

Ensuite venait une voiture découverte ou se trouvaient la mère, le président Escolle, la veuve de Perdiguier et le délégué de Lyon. Le cortège s'est rendu en bon ordre au Père-Lachaise; un bon nombre de C.·. qui n'avait pas pu venir jusque chez la mère l'attendait à la porte pour assister à la cérémonie intérieure. Arrivés au pied du monument, les trois rouleurs s'efforcèrent d'écarter la foule des curieux pour faire approcher les C.·. pour qu'ils puissent parler ou entendre, alors le frère Escolle, joli-cœur de Salernes, C.·. tailleur de pierres étranger, en sa qualité de président, a pris le premier la parole pour prononcer le discours que l'on verra plus loin, lequel a été vivement applaudi, ensuite il a donné la parole au frère Cottier dit Nantais, la fermeté du devoir, C.·. cordonnier secrétaire-correspondant, dont le discours a reçu également l'approbation de tout l'auditoire, et dont on verra la reproduction également plus loin, puis le frère Priou, dit Guépin la bonté, C.·. boulanger, a dit quelques vers de circonstance, à la mémoire du regretté Agricol Perdiguier.

Après le prononcé des discours sus énoncés qui étaient tous compagnonniques, M. Saint-Martin, conseiller général de Vaucluse, venu à Paris tout exprès pour la circonstance, a dans un discours oral et d'une façon très-lucide, chaleureusement retracé la vie politique du défunt, après quoi l'on s'est retiré en paix, non sans avoir longuement fraternisé ensemble, en rompant le pain de l'amitié, et en vidant la coupe de la fraternité à l'union du compagnonnage, et chanter sa gloire et sa prospérité, et s'être assurés réciproquement d'une éternelle amitié, nous croyons, chers Frères, que c'est une journée qui sera bonne pour le Compagnonnage, et alors, notre regretté frère Perdiguier nous aura encore rendu des services au-delà de la tombe.

Description du Monument.

Le monument en pierres blanches très-dures, se compose d'une pierre tombale plate, légèrement inclinée vers le pied, sur laquelle sont sculptés deux cannes en croix avec cordons et glands, entre les cannes sont sculptés également l'équerre et le compas autour desquels sont les lettres J.·. S.·. S.·., le tout très-artistement disposé.

La tête est surmontée d'une colonne à quatre faces allant en amincissant graduellement vers le sommet au haut duquel est placée une ruche avec des abeilles, emblême de l'industrie et du travail, la dite colonne, très-large par sa base, est solidement assise sur une haute pierre plus large encore et également carrée, le tout ayant une élévation d'au moins trois mètres, et pouvant défier les siècles par sa solidité, ce qui n'en exclu point l'élégance, sur la face de devant de la colonne, est gravée l'inscription suivante :

A Agricol PERDIGUIER dit *Avignonnais la vertu*, C.·.M.·.D.·.D.·.D.·.L.·.
Les Compagnons reconnaissants.

Le tout entouré d'une grille de fer simple mais très-élégante répondant bien au beau fini des autres attributs, et généralement de tout le travail confié à M. Debergue, marbrier, renommé pour la bonne et belle construction dont les éloges qu'il reçoit assez fréquemment sont à juste titre bien mérités.

Discours du F.·. ESCOLLE, président.

Nous voici arrivés au champ du repos,
Frères Compagnons! Il y a un an aujourd'hui que nous descendions dans la tombe notre regretté frère Agricol Perdiguier dit Avignonnais la vertu, compagnon menuisier d.·. d.·. d.·. l.·., né à Morière près d'Avignon, le 3 décembre 1805, décédé, en son domicile, rue Traversière, à l'âge de 70 ans.

Quiconque a connu Agricol Perdiguier, cette nature droite et loyale, dont le nom retentit quotidiennement sur le tour de France depuis plus de 50 ans, en gardera un éternel souvenir. Puisque nous sommes sur le terrain compagnonique, jetons un regard retrospectif. Mes FF.·., si nous voulions remonter au temps de la pourpre de Tyr, si nous voulions parler des Carthaginois qui descendirent sur les côtes d'Italie où ils semèrent leur génie et firent naître cette savante démocratique toscane qui a produit tant de merveilles et de monuments en tous genres, ce serait trop long car il nous faudrait parler de Rome, et d'une immensité de villes ou cette institution mystique a laissé des germes de fécondité dans les arts et de fraternels souvenirs. Le compagnonnage primitif au temps de la construction du Temple de Salomon marchait sous une haute invocation, ils vécurent longtemps unis, mais cette belle unité vint se briser à la construction des tours de la cathédrale d'Orléans. De là une division regrettable, le compagnonnage se partagea en trois camps bien distincts. les Enfants de Salomon, de maître Jacques et du père Soubise, il s'ensuivit des rixes, des batailles sanglantes, le frère méconnaissait son frère, les grands chemins furent rougis du sang de ces nobles travailleurs qui ne comprenaient pas que la division affaiblissait leur force et grandissait celle de l'aristocratie d'alors jalouse de leurs fraternels accords.

Des siècles se sont passés ou nous pourrions raconter de tristes épisodes, Perdiguier, que nous devrions appeler le Socrate du Compagnonnage, son cœur saignait de voir ces batailles sans fin, des tueries quotidiennes; il entreprit la tâche, cette noble tâche de tenter à ramener par la raison cette classe travailleuse, c'est là, que quittant le rabot pour la plume, il fit le livre du compagnonnage... Ce fut alors un coup de foudre qui éclata dans les trois camps ennemis, toutes les colères vinrent fondre sur lui, le maltraitant, le menaçant même de mort s'il ne rétractait pas son livre, il se créa des ennemis par la parole et par la plume. Perdiguier ne désespéra pas du progrès et continua d'écrire...

Que de patience, de génie, d'abnégation et d'espérance, il fallut au Compagnon Perdiguier pour résister à tant de bravades et de menaces. Mais ce nouveau Galilée, sûr de son entreprise, continua et parvint, avec le concours de quelques amis dévoués, à fonder la société des Compagnons de tous les devoirs réunis; cette Société fonctionne depuis de longues années, son but et ses principes sont de ramener le travailleur à l'étude de sa profession, lui prêcher la morale et la vertu, et de dépouiller l'homme de tout préjugé mesquin, et lui faire aimer la liberté et la fraternité.

Oui, chers frères! Perdiguier méritait une reconnaissance en récompense de son dévouement au compagnonnage, c'est pourquoi nous lui avons élevé ce simple monument, mais grand de pensée. Lorsque les compagnons du tour de France viendront visiter la grande cité, ils viendront au cimetière du Père Lachaise, non pas les yeux mouillés de larmes, un C∴ ne doit pas pleurer, mais ils y viendront déposer une couronne sur le frontispice de son modeste tombeau qui doit perpétuer sa mémoire, et le cœur plein de regret, ils diront : *Ici repose un homme de bien.* Perdiguier fut un homme de paix, de concorde et de fraternité. Je n'aborderai pas ici la question politique, l'an dernier, à cette même place, j'en ai fait l'énumération; je ne ferais donc que de me répéter, je laisse ce soin à des hommes plus honorés que moi et plus capables, je dirai seulement qu'en 1848, il fut élu deux fois député, le menuisier fut le représentant de Vaucluse et de Paris, il défendit le droit et la justice contre une réaction coupable qui le jeta comme un malfaiteur sur la terre étrangère ou il passa quatre ans pour expier la faute d'avoir toujours resté honnête homme.

Je dirai en terminant que le compagnonnage n'est pas un vain mot, autrefois le public ignorant l'origine de nos haines, se riait de nos batailles fratricides et le nom de Compagnon n'était prononcé qu'avec dédain, mais aujourd'hui le fanatisme brutal a fait place à la raison, ses forces sont épuisées, son temps est fini, tous les devoirs s'unissent et se mutualisent, les enfants de Salomon, de maître Jacques et du père Soubise ne forment plus qu'un faisceau, sachons nous aimer au lieu de nous haïr, laissons de côté cette vieille rancune et ces vieux préjugés, Compagnons, nous avons un ennemi terrible à combattre, mais nous le vaincrons, car le progrès le commande et la civilisation l'exige; cet ennemi, mes frères, c'est l'ignorance! Que chacun de nous, dans la mesure de ses forces, répande la lumière qu'il possède et le jour viendra ou notre mot d'ordre sera : Paix et Fraternité. Perdiguier, que ta mémoire reçoive ici notre modeste hommage au nom des Compagnons de tous les devoirs réunis de Paris, reçois cette couronne que tu as si bien méritée.

Discours prononcé le 16 avril, le jour de l'inauguration du tombeau d'Agricol Perdiguier, par COTTIER, dit Nantais la fermeté du devoir, C.·. cordonnier, secrétaire.

T.·. C.·. F.·. E.·. A.·., Compagnons de tous les devoirs, salut, salut, salut, Enfants de Salomon, de Maître Jacques et de Maître Soubise,

Si j'ai désiré prendre la parole au milieu de vous à l'égard de notre ami et frère Agricol Perdiguier, ce n'est pas pour vous faire l'apologie de sa vie politique et privée, pourtant bien remplie, je laisserai ce soin à plus éloquent que moi, je me placerai sur un terrain qui m'est mieux connu, rapport à lui, et ne parlerai que de son existence compagnonnique, d'abord en vous rappelant qu'il y a aujourd'hui un an à peu près à pareille heure, nous venions conduire ici ce bon frère à sa dernière demeure, et sitôt après avoir accompli cette triste et douloureuse mission, l'idée nous vint de donner à sa mémoire une marque de notre profond attachement. A cet effet, nous avons communiqué notre idée au tour de France, pour lui demander une souscription volontaire, laquelle demande a été favorablement accueillie par lui, et bon nombre de nos frères nous ont envoyé leur obole qui, jointe à la nôtre, nous a donné la faculté d'élever ce simple et modeste monument que nous venons inaugurer aujourd'hui à la mémoire de notre digne frère Avignonnais la vertu.

Modeste en effet par ses apparences, mais bien grand à notre point de vue, attendu qu'il représente bien la modestie de celui qu'il renferme, malheureusement beaucoup trop tôt pour nous, si nous considérons les services que, malgré son âge, il aurait encore pu nous rendre. Pourtant sa trop courte carrière a été bien remplie, si nous examinons ceux qu'il nous a rendus, puisque pendant près de cinquante années, il a travaillé par la pensée et par la plume à notre régénération pour laquelle il a consacré bien des veilles. Tant qu'à ses écrits, il serait trop long de les énumérer, puisque d'ailleurs vous les connaissez, où que tout au moins vous êtes à même de les connaître, je me bornerai seulement à vous rappeler les sacrifices, même pécuniers, faits par lui avec autant de désintéressement que d'abnégation dans l'intérêt de notre cause commune, mais si, par dévouement pour nous, il a fait tant d'énormes sacrifices, d'un autre côté que n'a-t-il pas gagné dans notre estime et notre éternelle reconnaissance, je dis éternelle reconnaissance, car les générations compagnonnique futures, s'inclineront avec respect devant cette tombe trop tôt ouverte pour elles comme pour nous, et prieront l'universel génie dispensateur de toutes choses, qu'il daigne les inspirer des nobles et fraternelles qualités que possédait celui que nous pleurons tous, en prenant connaissance de ses écrits, ils verront qu'il fût un de ceux qui ont le plus contribué à ramener notre compagnonnage à sa primitive unité, j'ai dit à sa primitive unité, parce que, comme vous le savez, depuis la première construction du temple jusqu'à une époque encore assez rapprochée de nous, relativement au temps parcouru d'abord, cette unité n'avait jamais été troublée par aucun schisme, quoi qu'ayant pourtant traversé bien des siècles de barbarie et d'ignorance, ce n'est pas ici le lieu ni le moment de signaler la cause de ce schisme, je dirai seulement que l'occasion nous nous en a souvent été suscitée par des puissances occultes, envieuses, do-

.. minatrices, égoïstes et surtout ténébreuses, intéressées à nos divisions, et que notre société mystique et fraternelle gênait.

Le hibou n'aime point la lumière, le soleil le fait rentrer dans son trou. Et ici je répéterai avec dessein ces paroles que j'ai déjà prononcées ailleurs dans une occasion moins triste, mais non moins solennelle, à l'adresse de nos détracteurs profanes, qui s'arment contre nous du témoignage de nos luttes fratricides, sans en connaître les véritables causes :

Citez-moi une institution, soit politique, religieuse, mystique ou profane qui ait autant vécu que la nôtre, qui ait été aussi utile aux arts, aux sciences et au progrès, et cela sans discorde, je vous en défie bien.

Certes, nous n'avons pas la prétention d'être parfaits, puisque nous tenons de la nature humaine, nous laissons à d'autres le vain orgueil de prétendre à l'infaillibilité, mais je dirai aux uns comme aux autres ces paroles attribuées à Jésus le Nazaréen, à l'égard de la femme adultère, que celui d'entre vous qui est sans péché nous jette le premier la pierre,

Et je puis dire que grâce au grand citoyen que nous honorons publiquement en ce moment, grâce aussi aux compagnons dévoués qui ont collaboré à son œuvre de réconciliation, laquelle je suis heureux de le constater est enfin accomplie à notre avantage, et que c'est après avoir confondu nos couleurs et juré l'oubli du passé que nous sommes venus dans cette enceinte paisible, rendre un pieux hommage à celui d'entre nous qui a le plus contribué à cet heureux résultat, grâce à lui, nous touchons à la terre promise, et je doute que ceux qui nous excommunient où nous jettent le blâme, soient encore de sitôt à même d'en dire autant. Notez bien, chers frères, que je ne récrimine pas, je veux seulement que constater des faits en vous parlant aussi de certaines sociétés corporatives qui ont déjà succombé, et de bien d'autres qui succomberont encore à la peine en cherchant à jeter le ridicule sur notre antique société compagnonnique du devoir, lesquelles ont pourtant été nos plagiaires en puisant chez nous leurs meilleurs enseignements, et j'ajouterai même quand elles n'ont pas en quelque sorte pris naissance dans le sein de notre société, parmi ces dernières, je dois pourtant pour être vrai et juste, en excepter une qui s'étant à peu près basée sur nos principes, compte dans l'univers ses adeptes par millions, celle là a pu nous plaindre mais elle n'a jamais déversé sur nous la calomnie ni l'injure, celle-là du moins nous a prouvé qu'elle est bonne fille, je désire pour elle le progrès, la concorde et la paix,

L'on nous a dit entre autres reproches que pour être si anciens, nous ne progressions guère, et que cela tenait sans doute à nos divisions, à ces deux allégations, il me sera bien facile d'y répondre, je commencerai par la première, si l'on entend par le progrès la grande quantité, je réponds non, parce que nous préférons la qualité de nos adeptes à leur grand nombre que nous comprenons le progrès tout autrement, attendu que le compagnonnage s'est imposé une mission que tous les hommes ne sont pas aptes à remplir, et que le devoir comporte des charges et des enseignements, que tous non plus ne sont pas disposés moralement à remplir et à pratiquer, c'est pourquoi il y a beaucoup d'appelés, mais peu d'élus, et c'est le plus souvent par ceux-là même, qui manquent des aptitudes nécessaires que nous exigeons de tous, que nous sommes le plus ridiculisés. Tant qu'à nos divisions, elles sont bien regrettables sans doute, mais sommes-nous bien les seuls qui devons en supporter la responsabilité, je pourrais m'étendre bien loin sur ce sujet, mais je vous l'ai déjà dit, le lieu serait mal choisi.

Je me bornerai à vous dire, ce que du reste vous savez comme moi, mais je parle pour tous ceux qui m'écoutent, que dans nos discussions nous n'avons jamais de manière directe du moins, porté le trouble dans la société civile ou profane, nous avons débrouillé nos affaires en famille, quelquefois d'une manière triste pour les intéressés, c'est vrai, mais finalement nous nous sommes entendus et je le répète encore en est-il beaucoup de ceux que j'ai cités plus haut, même parmi les plus instruits qui puissent en dire autant, pour moi je ne le pense pas.

Mes frères, avant de terminer cet entretien, permettez-moi de vous dire encore quelques paroles concernant le mot devoir.

Par dérision encore, on nous a nommé dévorants, ce mot a été écrit dans les ouvrages d'une femme célèbre, loin de moi la pensée qu'elle ait voulu nous être désagréable, elle a droit à tous nos respects, elle nous a rendu d'assez grands services pour cela, mais il est des mots mal appropriés qui prennent cœur même parmi les plus savants.

Il est temps que l'on sache que si nous venons de loin, nous ne sommes pas pour cela des anthropophages, que nous n'avons jamais dévoré personne, que si nous avons dévoré quelque chose, ce sont les injures qui nous ont été prodiguées gratuitement.

Mais nous sommes devoirant, et nous savons ce que le devoir comporte et quand la patrie a fait appel à ses enfants, à son premier cri, les Compagnons ont toujours répondu nous voilà. Bon nombre de nos frères absents en font foi.

Oui, mes frères, nous savons que le devoir a bien des exigences, et nous sommes prêts à les remplir, mais nous savons aussi qu'il est inséparable du droit, qui, lui aussi, peut bien avoir les siennes.

Mes chers pays et coteries,

Je terminerai cet entretien déjà trop long en vous disant : n'écoutons pas les criailleries intéressées, c'est un rat qui use ses dents sur une lime, faisons notre devoir, marchons résolument en avant, suivons les précieux enseignements de notre digne ami Avignonnais la vertu, et notre passé répond de notre avenir, et maintenant, cher ami Perdiguier, je m'adresse directement à toi, non par un discours à phrases brillantes et sonores, je ne sais point et ne cherche point à en faire, ma plume est trop peu exercée et ma voix manque de l'éloquence nécessaire pour rendre toute ma pensée, je veux seulement faire connaître à tous, que si nous avons voulu te faire l'hommage de cette simple pierre, ce n'est pas par vaine démonstration, ce n'est pas non plus pour satisfaire notre orgueil, ce qui serait en ce lieu déplacé de notre part ni uniquement pour perpétuer nos souvenirs, nous n'avions pas besoin de cette remarque pour nous rappeler de toi, mais nous avons été guidés par un sentiment bien plus élevé, nous avons voulu te payer une dette sacrée, celle de la reconnaissance; dette bien faiblement payée il est vrai, mais tu n'as jamais regardé de si près avec nous, tu n'as jamais mesuré tes services selon la valeur de la récompense, puisque tu les a toujours rendus gratuitement, et puis tu n'avais pas affaire à des indifférents.

Il est si doux au cœur de l'homme de bien d'être assuré en le faisant qu'il ne fera pas des ingrats, et d'ailleurs nous te connaissons bien aussi, et nous savons que tu n'as jamais aimé les banalités, c'est pourquoi nous n'avons pas voulu inscrire sur ta tombe de ces inscriptions à grands effets qui ne rendent pas toujours la pensée bien exacte de ceux qui les expriment, mais nous y avons gravé :

A Agricol PERDIGUIER dit *Avignonnais*, les Compagnons reconnaissants.

Ces simples mots en disent assez, ils prouvent que tu as bien mérité de la grande famille compagnonnique, et si nous avons voulu que le terrain où tu reposes te fus acquis à perpétuité, c'est que nous ne voulions pas que tout fut perdu pour nous, même l'espoir de nous retrouver près de toi, c'est pourquoi nous ne te disons pas adieu mais au revoir. En attendant, repose en paix, cher ami Perdiguier, et puisse tes vertus être mieux récompensées que nous ne pouvons le faire nous mêmes. Tels sont les vœux que forme sincèrement pour toi ton ami et frère Nantais la fermeté du devoir.

Avis aux Souscripteurs du Tour de France.

D'après l'avis reçu de plusieurs villes du Tour de France, et d'après une délibération de la Chambre de Paris, vu le grand nombre de souscripteurs dont nous nous empressons de remercier, et disons que nous avons reçu avec reconnaissance la plus petite souscription comme la plus élevée pour la cause d'immortaliser le nom de celui qui a su si bien mériter du compagnonnage, attendu que nous ne pouvons mettre tous les noms et surnoms des souscripteurs, vu que ce serait trop volumineux et trop coûteux selon nos moyens, mais ils sont tous enregistrés sur le livre de souscription destiné à cet effet, et resteront dans nos archives, et mis à la disposition de tout souscripteur qui en fera la demande pour s'assurer de l'idendité de son inscription, et pour ne blesser la susceptibilité de personne, c'est-à-dire de ceux qui ont donné peu où beaucoup, nous ne ferons donc figurer sur ce présent compte-rendu que les noms des villes, en donnant les discours prononcés sur la tombe du défunt, le jour de Pâques, 16 avril, jour de l'inauguration et l'anniversaire de sa mort.

Recettes.

Paris	446	25	Report,	1150	10
Surgères	49	»	Lagny	5	»
Niort	38	60	Cucuron	18	»
Lorgues	5	»	Nohant-la-Châtre	100	»
Vienne (Isère)	50	»	Gaillac	11	»
Saint-Maixent	30	»	Tournon d'Agenais	10	»
Alger	15	»	Saint-Maximain (Var)	11	»
Macon	42	25	Morière, près Avignon	86	75
Rive de Gier	11	40	Bourges	1	»
Villefranche (Rhône)	50	»	Châlons-sur-Saône	15	»
Cognac	41	50	Montbard	6	75
Bordeaux	42	85	Brest	5	»
Nantes	78	25	Grenoble	28	»
Saint-Etienne	21	50	Rumilly (Haute-Savoie)	26	»
La Rochelle	2	»	Vallon (Ardèche)	8	50
Angoulême	30	50	Charnas	6	»
Lyon	161	»	Roman	24	»
Alby	14	»	Nosay	14	75
Thonon	13	»	Rabutelloir, près Châtillon		
Bergerac	5	»	(Loiret)	5	»
À Reporter	1150	10	Total	1534	85

Dépenses.

Frais du Monument, Gravure et Sculpture.   717   ›
Une grille en fer sur le socle.   50   »
Frais de Circulaires, Correspondances et Frais de bureaux, etc.   211   30
500 comptes-rendus.   80   »
Frais approximatifs des comptes-rendus aux souscripteurs. . .   18   ›
Concession du terrain à perpétuité.   530   »

Total. 1.606   30
Recettes. 1.531   85

Perte où reste dû. . . .   74   45

Par mandemement de la Chambre de Paris, le Secrétaire-Correspondant,

COTTIER, dit Nantais la Fermeté du devoir, C. cordonnier.

Vu et certifié véritable, les membres du bureau,

ESCOLLE, dit Jolicœur de Salernes, C.·. E.·. tailleur de pierres, Président.
NEVEU, Berry la Belle Union, C. sabotier, *d. d.*, Vice-Président.
COLLAS, Bourguignon la Tendresse, C vitrier, Secrétaire-Titulaire.
GIRARD fils, Dauphiné l'Humanité, C. chamoiseur.
PRIOU, Guépin la Bonté, C. boulanger, *d. d.*, premier Receveur.
BLANC, Lyonnais la Vivacité, C. tisseur ferrandinier.
CLAVEL, Lodève la Liberté, C. tondeur de drap.
CRETIN, le Fidèle dévoirant, C. cordonnier, Archiviste.
GUILLAUDON, Dauphiné l'Impartial, Maître des Cérémonies.

NOTA. — Les comptes-rendus seront expédiés aux chefs de souscriptions qui seront chargés de les remettre aux ayants-droit.

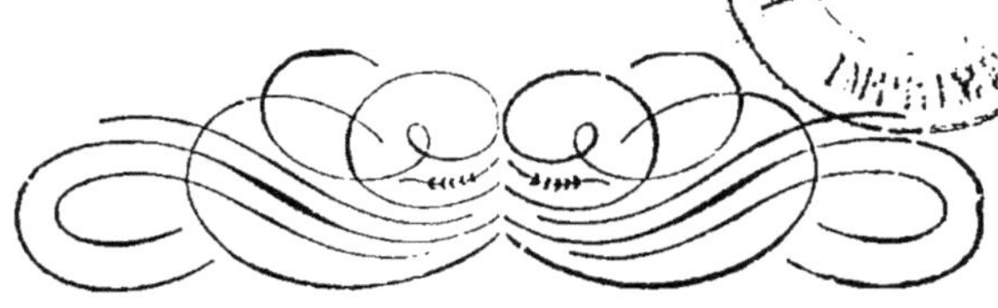